Bibliografische Information der Deutschen Nationalbibliothek:

Die Deutsche Bibliothek verzeichnet diese Publikation in der Deutschen National-
bibliografie; detaillierte bibliografische Daten sind im Internet über http://dnb.d-
nb.de/ abrufbar.

Dieses Werk sowie alle darin enthaltenen einzelnen Beiträge und Abbildungen
sind urheberrechtlich geschützt. Jede Verwertung, die nicht ausdrücklich vom
Urheberrechtsschutz zugelassen ist, bedarf der vorherigen Zustimmung des Verla-
ges. Das gilt insbesondere für Vervielfältigungen, Bearbeitungen, Übersetzungen,
Mikroverfilmungen, Auswertungen durch Datenbanken und für die Einspeicherung
und Verarbeitung in elektronische Systeme. Alle Rechte, auch die des auszugsweisen
Nachdrucks, der fotomechanischen Wiedergabe (einschließlich Mikrokopie) sowie
der Auswertung durch Datenbanken oder ähnliche Einrichtungen, vorbehalten.

Impressum:

Copyright © 2017 GRIN Verlag, Open Publishing GmbH
Druck und Bindung: Books on Demand GmbH, Norderstedt Germany
ISBN: 9783668499645

Dieses Buch bei GRIN:

http://www.grin.com/de/e-book/372217/grundlagen-informationsmanagement-
arten-bedeutung-und-einordnung

Arne Hinz

Grundlagen Informationsmanagement. Arten, Bedeutung und Einordnung

GRIN Verlag

GRIN - Your knowledge has value

Der GRIN Verlag publiziert seit 1998 wissenschaftliche Arbeiten von Studenten, Hochschullehrern und anderen Akademikern als eBook und gedrucktes Buch. Die Verlagswebsite www.grin.com ist die ideale Plattform zur Veröffentlichung von Hausarbeiten, Abschlussarbeiten, wissenschaftlichen Aufsätzen, Dissertationen und Fachbüchern.

Besuchen Sie uns im Internet:

http://www.grin.com/

http://www.facebook.com/grincom

http://www.twitter.com/grin_com

Informationsmanagement

Bedeutung und Einordnung

Arne Hinz

Der vorliegende Text wurde als Seminararbeit im Rahmen des Studiengangs Wirtschaftsinformatik (Master of Science) angefertigt (Dortmund, 04/2017).

Inhalt

Abkürzungen

DM	=	Datenmanagement
DS	=	Datenspeicherung
DV	=	Datenverarbeitung
IM	=	Informationsmanagement
IS	=	Informationssystem/e
Man.	=	Management
TM	=	Technologiemanagement
WM	=	Wissensmanagement

1 Einleitung

1.1 Begriff des Informationsmanagements

Informationsmanagement (kurz: IM) – aus etymologischer Sicht nichts Anderes als das „Management von Informationen" – ist ein in der Literatur ausführlich und durchaus kontrovers diskutierter Begriff. Es existieren viele verschiedene Sichtweisen und Definitionen. Einen Großteil seiner Bedeutung verdankt das Thema den in den letzten Jahrzehnten aufkommenden, immer weitergehenden Möglichkeiten zur automatisierten Informationsverarbeitung durch (betriebliche) Informationssysteme. Aus diesem Grund ist es nicht verwunderlich, dass viele Ansätze des IMs relativ technikzentriert sind (z.B. „St. Galler Informationssystem-Management", Österle et al. 1991) oder sich direkt auf Informationssysteme beziehen (z.B. „ARIS-Haus", Scheer 1992). Andere Ansätze beschreiben das IM aus einer eher ganzheitlichen Sicht und definieren einzelne Aufgabenbereiche (z.B. Krcmar 2015).

Unstrittig ist das Verständnis von Informationen als erfolgsrelevante Ressourcen. Die Steuerung ihres Einsatzes wird, zumindest teilweise, als strategisch bedeutsame Führungsaufgabe angesehen (vgl. Krcmar 2015, S.393 ff.). Dies kommt bereits durch die Verwendung des Begriffs „Management" zum Ausdruck. Üblicherweise werden in den Managementaufgaben die Bereiche „Planung", „Durchführung/Steuerung" und „Kontrolle" (vgl. z.B. Gabler Wirtschaftslexikon 2009) unterschieden.

Für diese Arbeit wird zunächst die IM-Definition nach Heinrich et al. zugrunde gelegt. Heinrich et al. definieren IM als „auf Information und Kommunikation bezogenes Leitungshandeln" (Heinrich et al. 2014, S.19). Diese einfache Begriffsbestimmung gehört zur Gruppe der aufgabenorientierten Ansätze (vgl. Krcmar 2015, S.96 ff.) und beschreibt das IM aus ganzheitlicher Sicht, ohne direkt auf Teilbereiche einzugehen. Auch in dieser Arbeit wird das IM zunächst als Ganzes untersucht. Abweichend von Heinrich et al. wird die Kommunikation als Mittel des Austauschs von Informationen angesehen und daher nicht explizit hervorgehoben.

1.2 Problematik

Obwohl das IM in der Literatur, wie bereits erwähnt, sehr ausführlich betrachtet wird, spielt es in der Praxis häufig kaum eine explizite Rolle. So wird es z.B. in keiner der in den letzten Jahren von Capgemini durchgeführten Studien über Trendthemen in der IT erwähnt[1]. Dafür können verschiedene Gründe benannt werden:

- Das IM ist, für sich betrachtet, ein abstraktes Konzept. Konkrete Aktivitäten, z.B. die Entwicklung neuer Technologien, erregen gerade im Bereich der Informatik i.d.R. größere Aufmerksamkeit.
- Das IM ist häufig implizit vorhanden. Wird beispielsweise eine Software entwickelt, die den Mitarbeitern bedarfsgemäße Informationen (z.B. Kundeninformationen) zur

---

[1] Siehe z.B. https://www.de.capgemini.com/ressourcen/infografik-it-trends-2017 für die Hauptergebnisse der aktuellsten Studie. Auch nachfolgend aufgeführte Gründe können auf die Ergebnisse der Studien bezogen werden. So finden sich „Informationsauswertung und -Nutzung" als offensichtliche Teilbereiche des IMs sehr wohl in den Trendthemen, nicht aber das abstrakte Oberkonzept selbst. Technische Themen stehen insgesamt im Vordergrund. Bei vielen weiteren spielt IM eine implizite Rolle (z.B. bei der allgemeinen Digitalisierung). (vgl. Capgemini)

Verfügung stellt, wird implizit IM betrieben. Es wird aber nicht zwangsläufig als solches benannt.

- IM ist aufgrund seines Abstraktionsgrades schwierig zu definieren. Wie in Abschnitt 1.1 angedeutet, besteht eine Vielzahl unterschiedlicher Beschreibungsansätze. Je nach Definition können sich auch die einzelnen Teilbereiche unterscheiden.
- IM ist schwer von anderen Themen abzugrenzen. Dies geht aus den uneinheitlichen Definitionen hervor und wird dadurch verstärkt, dass bei verwandten Konzepten wie dem Wissensmanagement (WM) ähnliche Probleme bestehen. Folglich existieren „Grauzonen". Konkrete Aktivitäten lassen sich nicht zwangsläufig eindeutig einem abstrakten Konzept zuordnen. So könnte im vorher genannten Beispiel die Anzeige benötigter Kundeninformationen – oder Teilbereiche dieses Vorgangs – auch als Datenmanagement (DM) verstanden werden (Datenübermittlung, -speicherung).

1.3 Ziele dieser Arbeit

Die Seminararbeit ist Teil eines größeren Projektes, das sich mit der Entwicklung des IMs und dessen Veränderungen im Zuge aktueller Trends wie der Digitalisierung befasst. Sie bildet eine Grundlage für nachfolgende, umfassendere Untersuchungen.

Für diese Arbeit lassen sich die folgenden zwei Hauptziele benennen:

1. Einordnung des Gesamtthemas.
   Es wird versucht, insbesondere dem unter Abschnitt 1.2 zuletzt genannten Problem der unklaren Abgrenzung des IMs durch eine genaue Betrachtung der Überschneidungen mit Wissens- und Datenmanagement entgegenzuwirken. Diese Abgrenzung definiert zugleich den primären Betrachtungsbereich für die nachfolgenden Arbeiten. Außerdem wird, aufgrund der besonderen Bedeutung, der Zusammenhang zwischen IM und dem Management betrieblicher Informationssysteme als eher technisch orientierter Aufgabe verdeutlicht.
2. Untersuchung der Bedeutung des IMs für den betrieblichen Erfolg.
   Die Bedeutsamkeit des IMs als Projektgegenstand stellt zugleich die Motivation für das Gesamtprojekt dar.

In beiden Teilen kann zunächst nur eine eingeschränkte Betrachtung auf hoher Abstraktionsebene erfolgen, weil Teilaufgaben des IMs und die Einflüsse aktueller Entwicklungen noch nicht untersucht wurden. Aus diesem Grund besitzt die Arbeit keinen Anspruch auf Vollständigkeit, sondern greift gezielt einzelne Aspekte heraus, anhand derer die Bedeutung des IMs bzw. Möglichkeiten der Abgrenzung besonders deutlich werden.

1.4 Vorgehensweise und Struktur

Innerhalb dieser Arbeit wird das IM als Ganzes untersucht, d.h., einzelne Teilaspekte werden nur einbezogen, wenn dies zur Abgrenzung des Gesamtthemas oder zur Untersuchung von dessen Bedeutung erforderlich ist.

Die dargestellten Inhalte basieren auf Auswertungen der einschlägigen Literatur. Neben den bekannten Standardwerken (z.B. Krcmar 2015, Heinrich et al. 2014) wurden weitergehende

Recherchen zu den in Unterabschnitten dargestellten Einzelthemen durchgeführt. Hierfür wurden der lokale Bibliothekskatalog der FH Dortmund sowie die Datenbanken „WorldCat" und „GBV" verwendet.

Abschnitt 2 beschreibt zunächst die Einordnung und Abgrenzung des IMs, Abschnitt 3 die Bedeutung. In beiden Abschnitten erfolgt einleitend eine allgemeine Betrachtung der Thematik, in deren Rahmen erklärt wird, weshalb die nachfolgenden Aspekte ausgewählt und gesondert beleuchtet wurden (Abschnitt 2.1 bzw. 3.1). Zur Abgrenzung des IMs werden entlang der Wissenspyramide (vgl. Abschnitt 2.1) Gemeinsamkeiten und Unterschiede zu Daten- (Abschnitt 2.2) und Wissensmanagement (Abschnitt 2.3) herausgearbeitet. Einen bereits erwähnten Sonderstatus besitzt die Verbindung zum Informationssystem-Management (Abschnitt 2.4). Zur Bedeutung des IMs werden dessen Auswirkungen auf den generellen Wertbeitrag der IT (Abschnitt 3.2) sowie das Verständnis von Informationen als Produktionsfaktoren (Abschnitt 3.3) vertiefend betrachtet.

Abschließend folgt ein Ausblick auf die Folgearbeiten im Rahmen des Gesamtprojektes (Abschnitt 4).

2 Einordnung und Abgrenzung

2.1 Grundlegendes

Zur Einordnung des IMs ist es sinnvoll, zunächst dessen Wortbestandteile zu betrachten. Während das „Management" als Leitungshandeln im Unternehmen (nach Gabler Wirtschaftslexikon 2009) recht klar definiert ist, ist die „Information" für sich betrachtet bereits ein abstraktes Konstrukt. Eine gute Annäherung – und zugleich Ansatzpunkte zur Einordnung – bietet die Wissenspyramide, die Zeichen, Daten, Informationen und Wissen miteinander in Beziehung setzt. Allerdings existieren auch hier unterschiedliche Darstellungen. Für diese Arbeit wird die Wissenspyramide nach Bodendorf (Bodendorf 2006, S.1) verwendet, die Abbildung 1 zeigt.

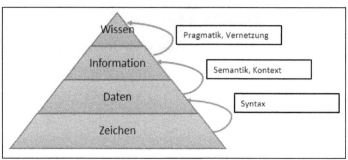

Abbildung 1: Wissenspyramide (nach Bodendorf 2006, S.1)

Nach dieser Definition handelt es sich bei Daten um Zeichen, die nach festen Regeln („Syntax"), zusammengesetzt sind. Daten werden zu Informationen, indem sie eine Bedeutung („Semantik") erhalten und in einen Zusammenhang („Kontext") eingeordnet werden. Miteinander vernetzte Informationen, die zudem einen klaren Zweckbezug („Pragmatik") besitzen, generieren Wissen. (Bodendorf 2006, S.1; Krcmar 2015, S.11 ff.)

Bodendorf selbst zweifelt jedoch die klare Trennung von Daten, Informationen und Wissen an und schreibt stattdessen von einem „Kontinuum zwischen den Polen Daten und Wissen" (Bodendorf 2006, S.2), in dessen Mitte die Information stehe. Demzufolge wären auch DM, IM und WM nicht klar voneinander zu trennen bzw. IM gar nicht als eigenständiger Bereich vorhanden. Bodendorf nennt lediglich unterscheidende Merkmale zwischen DM und WM (ebenda).

Heinrich et al. hingegen sehen DM und WM als administrative Aufgaben und damit als Teilbereiche des IMs (vgl. Heinrich et al. 2014, S.281 ff. und S.317 ff.). Auch Krcmar definiert das Management von Daten als Unterpunkt des Managements von Informationssystemen und damit als Teil des IMs (vgl. Krcmar 2015, S.178 ff.). WM bezeichnet Krcmar hingegen als „Einsatzfeld des Informationsmanagements" (ebenda, S.19), das zusätzliche Herausforderungen an das IM definiere. Folglich gäbe es Überschneidungen; WM wäre aber ein eigenständiger Bereich. Sowohl bei Krcmar als auch bei Heinrich et al. steht das IM im Mittelpunkt der Betrachtung – ein Gegensatz zu der Sichtweise von Bodendorf.

Dippold et al. schließlich beschreiben DM, IM und WM als unterschiedliche „Entwicklungs-stufe[n] [eines] Entwicklungsstufenmodell[s]" (Dippold et al. 2005, S.257). Jedes dieser Konzepte wird somit als eigenständig angesehen, und es werden unterscheidende Merkmale benannt. Da die einzelnen Entwicklungsstufen laut Dippold et al. jedoch aufeinander aufbauen (ebenda), käme es demnach in der Praxis zwangsläufig zu Überschneidungen. Abbildung 2 veranschaulicht die verschiedenen Ansätze als Mengendiagramme, wobei im Fall der Darstellung nach Dippold et al. zusätzlich die Interpretation von DM, IM und WM als Entwicklungsstufen einbezogen wird.

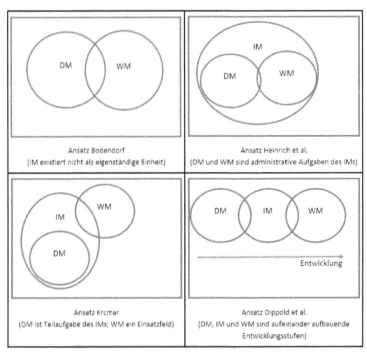

Abbildung 2: Einordnungen DM, IM und WM in der Literatur (eigene Darstellung)

Diese Übersicht könnte noch um zahlreiche weitere Autoren ergänzt werden. Bereits durch diese vier Werke wird jedoch deutlich, wie unterschiedlich die auf den Elementen der Wissenspyramide basierenden Konzepte in der Literatur in Beziehung gesetzt werden[2]. Die einzige Gemeinsamkeit besteht darin, dass man sie niemals als unabhängig voneinander ansieht.

Aufgrund der dargestellten Fundamentalunterschiede in den Betrachtungsweisen erscheinen umfassende, klar abgrenzende Definition für DM, IM und WM auf Basis von Literaturauswertungen schwerlich möglich. Im Folgenden werden daher vielmehr einzelne charakteristische

---

[2] Dies mag einerseits auf unterschiedliche Schwerpunktsetzungen zurückzuführen sein. Jeder Autor rückt zwangsläufig den jeweiligen Gegenstand seiner Arbeit (DM/IM/WM) ins Zentrum seiner Betrachtung. Andererseits zeigt es einmal mehr, wie unklar die Einordnung auf Basis der sprachlichen Kernbegriffe ist.

Merkmale herausgearbeitet, anhand derer sich konkrete Aktivitäten den einzelnen Konzepten zuordnen lassen. Diese werden exemplarisch anhand eines einfachen Praxisbeispiels und anerkannter Modelle aus anderen Quellen erläutert und verifiziert.

2.2 Datenmanagement und Informationsmanagement

Dippold et al. nennen Daten „Rohware" (Dippold et al. 2005, S.21) von Informationen – also ein Material, auf dessen Grundlage Informationen erzeugt werden können. Krcmar geht noch weiter und bezeichnet Daten als „per se nicht wertschöpfend" (Krcmar 2015, S.178). Der Wert entstehe erst durch die Nutzung der Daten zur Generierung von Informationen und Wissen. Folgt man der Definition von Daten und Informationen auf Basis der Wissenspyramide (siehe Abbildung 1, S.6), ist diese Annahme zweifellos zutreffend. Daten, die keine Semantik besitzen und daher nicht das Potential aufweisen, aus ihnen Informationen zu gewinnen, sind wertlos. Hieraus lässt sich bereits ein erster Unterschied ableiten: IM generiert durch eine wie auch immer geartete Unterstützung der Informationsversorgung einen Mehrwert. DM ist Voraussetzung hierfür, generiert aber lediglich das Potential für diese Wertschöpfung.

An dem bereits in der Einleitung verwendeten Beispiel der Anzeige von Kundeninformationen (vgl. Abschnitt 1.2) lässt sich dies leicht erklären. Durch die (technischen) Aktivitäten, die intuitiv dem DM zuzuordnen sind (z.B. Datenspeicherung, Datenübermittlung), wird allein kein Wert generiert. Sie sind aber Voraussetzung dafür, dass der Mitarbeiter die Informationen abrufen und z.B. eine Kundenanfrage beantworten kann (vgl. Heinrich et al. 2014, S.282). Das IM selbst findet in diesem Fall durch die verständliche, gebündelte Anzeige/Visualisierung der gewünschten Daten statt. Auf diese Weise wird ein Kontext geschaffen, und die Einzeldaten erhalten durch den Gesamtdatensatz ihre Semantik.

Ein möglicher Einwand wäre, dass auch durch Tätigkeiten des IMs zumeist kein direkter Wert im betriebswirtschaftlichen Sinn generiert wird. Es handelt sich hier jedoch um einen immateriellen Wert – die verständliche, abrufbare Information selbst verkörpert den Wert. Alle Tätigkeiten des IMs dienen der Deckung des Informationsbedarfs oder der Verbesserung der Qualität bestehender Informationen – und damit der Erhöhung des Gesamtinformationswerts[3] (Gesamtwert aller Informationen). Die direkte Wertigkeit ist ein Kennzeichen von Informationen und damit auch des IMs.

Betrachtet man nun die von Krcmar aufgeführten Teilaspekte des DMs – „Datenmodellierung, -administration, -technik [(Speicherung etc.)], -sicherheit, -konsistenz, Sicherung von Daten und datenbezogener Benutzerservice" (Krcmar 2015, S.169) –, bestätigt sich diese Annahme. Im Beispiel müssen all diese Aspekte bedacht und umgesetzt werden, damit korrekte und verlässliche Kundeninformationen angezeigt werden können. Sie werden aber weder vom Kunden noch vom Benutzer direkt wahrgenommen und generieren somit keinen Wert[4]. Ihre Berechtigung erhalten sie erst durch die Vielzahl an Informationen zu verschiedenen Kunden, die auf ihrer Grundlage erzeugt werden können. Dies gilt auch für komplexe Vorgänge der Datenanalyse wie Data Mining.

Auch weitere von Dippold et al. angesprochene Aspekte wie „Datenintegration" (Dippold et al. 2005, S.72 ff.) lassen sich in dieses Schema einordnen. Zudem fällt auf, dass es sich oft um

---

[3] Zu den Qualitätskriterien für Informationen siehe (Krcmar 2015, S.144 f.).
[4] Zur Einordnung der Aktivitäten innerhalb von Informationssystemen siehe auch Abschnitt 2.4.

technikbezogene Aufgaben handelt. So steht bei Datenmodellierung und -integration die Entwicklung eines in der computergestützten Verarbeitung möglichst effizienten Datenmodells im Vordergrund (Dippold et al. 2005, S.72 ff.). Beim IM hingegen steht der Mensch/Mitarbeiter im Mittelpunkt, da Informationen i.d.r. noch immer von Mitarbeitern verarbeitet und in Entscheidungen oder Handeln umgesetzt werden[5] (vgl. Krcmar 2015, S.15). Dieses Kriterium ist intuitiv leichter verständlich als die Unterscheidung nach der Wertgenerierung. Beispielsweise müssen beim Aspekte der Datensicherheit die Menschen als „schwächste Stelle" ebenfalls bedacht werden. Dennoch ist es auch hier so, dass die Mitarbeiter sich in erster Linie nach der Beschaffenheit der technischen Systeme und damit verbundener Angriffsmöglichkeiten richten müssen – und keineswegs umgekehrt. So sollte ein Passwort den Maximen der sicheren Passworterstellung genügen, nicht der einfachen Einprägsamkeit oder schnellen Eingabe.

Kein Kriterium zur Unterscheidung ist hingegen der auf den ersten Blick häufig operative Charakter der DM-Aspekte. Bestes Beispiel ist auch hier die Datensicherheit, für die neben der operativen Absicherung einzelner Systeme auch unternehmensweite Standards gefunden werden müssen. IM umfasst wiederum auch operative Teile[6]. So betreibt der Mitarbeiter, der Kundeninformationen abruft, implizit stets selbst IM, indem er sich einen schnellen Überblick zu verschaffen versucht oder einfach die Datenfelder gedanklich in Beziehung setzt. Durch administrative Maßnahmen wie eine übersichtliche Gestaltung des Datenblatts, die wiederum bestimmten übergeordneten, strategischen Richtlinien folgt, kann dieser Vorgang beschleunigt werden.

DM und IM besitzen demnach sowohl operative als auch strategische Aufgabenbereiche. Diese Sichtweise entspricht hinsichtlich des IMs den Modellen von Krcmar (Krcmar 2015) und Heinrich (Heinrich et al. 2014), die jeweils eine eigene Ebene strategischer Aufgaben sehen, und widerspricht Dippold et al., die IM primär als Führungsaufgabe bezeichnen (Dippold et al. 2005, S.258).

Damit lassen sich zwei Hauptmerkmale hinsichtlich der Unterscheidung von DM und IM festhalten:

1. IM-Aktivitäten generieren einen immateriellen Wert durch eine Erhöhung des Gesamtinformationswertes, bestimmt durch die Menge der zur Verfügung stehenden Informationen und deren Qualität. DM-Aktivitäten schaffen lediglich die Voraussetzungen hierfür.
2. Bei DM-Aktivitäten stehen i.d.R. technische Systeme oder die Daten selbst im Mittelpunkt. IM-Aktivitäten dagegen orientieren sich an den Benutzern, den Mitarbeitern, selbst wenn technische Aspekte einbezogen werden[7].

---

[5] Durch Trends hin zu künstlicher Intelligenz sind hier zweifellos Änderungen denkbar.
[6] Diese Sichtweise steht auf dem ersten Blick im Widerspruch zur eingangs eingeführten Definition nach Heinrich et al. (siehe S.3), die das Leitungshandeln als Gegenstand des IMs nennt. Heinrich et al. selbst definieren jedoch im darauf aufbauenden Modell operative Aspekte (vgl. Heinrich et al. 2014, S.33 f.), wenngleich diese nicht weiter ausgeführt werden. Somit liegt dieser Widerspruch bereits im ursprünglichen Werk vor.
[7] Ein Beispiel hierfür ist der Bereich „Management der Informations- und Kommunikationstechnik" im Rahmenmodell von Krcmar (Krcmar 2015). Auch hier wird der „effektive und effiziente Einsatz" (ebenda, S.317) der IKT im Unternehmenskontext als zentrales Ziel genannt. Da hier allerdings, wie beschrieben, das DM als Teil des IMs betrachtet wird, eignet sich das Modell im Ganzen zur Verifizierung der Abgrenzung nicht.

Zur Verifizierung dieser Kriterien können bekannte Modelle aus anderen Quellen herangezogen werden, die sich eindeutig dem DM oder IM zuordnen lassen.

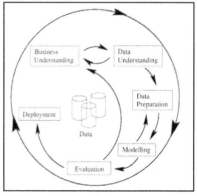

Als verifizierendes Beispiel im Bereich des DMs sei hier der CRISP-Zyklus genannt (siehe z.B. Cleve 2016, S.6 ff.), den Abbildung 3 zeigt. Als Standardprozess im Bereich des Data Minings ist er eindeutig dem DM zuzuordnen. Das Modell benennt die konkreten Phasen „Business Understanding", „Data Understanding", „Data Preparation", „Modelling", „Evaluation" und „Deployment" (ebenda). Die eher auf die Definition von Projektzielen und Umfeldbedingungen ausgerichtete Phase des „Business Understanding" kann in dieser Betrachtung vernachlässigt werden.

Abbildung 3: CRISP-DM-Zyklus (entnommen aus Cleve 2016, S.6)

Die Entwicklung eines Verständnisses über die Daten, deren Vorbereitung auf die Analyse und der Aufbau eines Analyse-/Vorhersagemodells erzeugen keinen direkten Wert, da dieses Modell erst nach Abschluss seiner Entwicklung eingesetzt wird, um Informationen oder Wissen zu generieren. Vorher sind nur Testdaten im Einsatz (Cleve 2016, S.55); es ist auch nicht gesichert, dass diese tatsächlich zu einem verwertbaren Modell führen. Selbiges gilt für die Evaluation und Verbesserung sowie das (technische) Deployment des Modells. Erst mit dem erstmaligen Einsatz des Modells in einer Produktivumgebung werden aus den Daten werthaltige Informationen herausgezogen.

Die Orientierung an technischen Elementen (Datenmodell, Analysealgorithmus) ist über den gesamten Zyklus hinweg unverkennbar. Der Benutzer spielt eine untergeordnete Rolle. Folglich sind alle Teilbereiche gemäß den genannten Kriterien dem DM zuzuordnen.

Als Beispiel auf Seiten des IMs können die von North genannten IM-Aufgaben herangezogen werden: Informationseinstellung/-generierung[8], -filterung, -verteilung, -vernetzung, -sicherung, Monitoring/Feedback (nach North 2016, S.295 f.).

Die Generierung und Vernetzung von Informationen dient direkt deren Wertsteigerung. Eine bedarfsgerechte Verteilung von Informationen ist Voraussetzung für deren tatsächliche Nutzung, während die Filterung eine „Übersättigung" und damit eine Verminderung des Gesamtwertes vermeidet. Feedback und Monitoring dienen der langfristigen Qualitätsverbesserung und erhöhen damit ebenfalls perspektivisch den Gesamtinformationswert. Die Sicherung von Informationen – hiermit ist nicht deren Archivierung gemeint, sondern die Regelung des Zugriffs – verhindert ebenfalls negative Werte, die entständen, wenn z.B. Externe sich die Informationen zunutze machten.

---

[8] Aufgrund der unverständlichen Bezeichnung „Laden mit Informationen" im Original wurde diese im Text geändert.

Sämtliche Aktivitäten sind am Informationsbedarf der Mitarbeiter ausgerichtet, nicht an technischen Aspekten. Besonders deutlich wird dies z.b. bei der Filterung relevanter Informationen. Sie kann für jeden Nutzer individuell differieren. Die Sicherung von Informationen wiederum ist ein gutes Beispiel für die Überschneidungen von DM und IM. Die Sicherung selbst erfolgt über technologisch orientierte Zugriffssysteme (vgl. Datensicherheit, S.9). Deren Nutzung und Konfiguration orientiert sich jedoch an den relevanten Benutzergruppen.

2.3 Informationsmanagement und Wissensmanagement

Bei der Abgrenzung von IM und WM erscheint es zunächst naheliegend, dieselben Kriterien heranzuziehen, wie sie bei der Trennung von DM und IM herausgearbeitet wurden. So besitzt Wissen als „Prozess der zweckdienlichen Vernetzung von Informationen" (North 2016, S.37) zweifellos eine höhere Wertigkeit als einzelne Informationen. Allerdings ist dieser Mehrwert kaum messbar – anders als die absolute Unterscheidung zwischen Informationen und für sich genommen wertlosen Daten. Daher eignet sich dieses Merkmal nicht zur Einordnung konkreter Aktivitäten.

Unstrittig ist die Verarbeitung durch den Menschen als primäres Bezugsobjekt sowohl des IMs als auch des WMs. North bezeichnet Wissen als „Ergebnis der Verarbeitung von Informationen durch das Bewusstsein" (ebenda, S.37). Dies bedeutet allerdings nicht, dass Aktivitäten zur Unterstützung von Wissenserwerb und -bewahrung nicht IT-gestützt ablaufen können.

Erschwert wird die Abgrenzung durch verschiedenartige Kategorien von Wissen. In diesem Zusammenhang unterscheidet Krcmar, basierend auf der Arbeit von Nonaka und Takeuchi (Nonaka und Takeuchi 1995), zwischen explizitem und tazitem Wissen (Krcmar 2015, S.661 ff.). Explizites Wissen ist nach festen Regeln (z.b. formalen Sprachen) codierbar. Tazites Wissen hingegen ist personengebunden und schwer „formalisierbar und kommunizierbar" (ebenda, S.661)[9]. Ein wesentliches Ziel des WMs besteht in der Überführung von tazitem in explizites Wissen.

Häufig wird explizites Wissen in der Literatur mit Informationen gleichgesetzt (z.B. Stelzer 2003 oder Heinrich et al. 2014, S.318). Folgt man dem Prinzip der Wissenspyramide, kann dies jedoch nicht korrekt sein. Auch explizites Wissen basiert stets auf einer „zweckdienlichen Vernetzung von Informationen" (North 2016, s.o.).

Dennoch lässt sich hier ein erster Unterschied erkennen. Informationen basieren im Rahmen automatisierter Verarbeitung stets auf Daten, die eine feste Syntax besitzen und somit codiert sind. Sie müssen u. A. in eine für den Menschen verständliche Form gebracht werden. Beim WM hingegen ist das Wissen häufig vorhanden und muss in eine codierbare Form überführt werden, um z.b. in technischen Systemen abgespeichert werden zu können („Externalisierung" – North 2016, S.47). Zwar kann dieser Prozess auch in die entgegengesetzte Richtung ablaufen, wenn Wissen aus zuvor generierten Informationen gewonnen und von den Mitarbeitern aufgenommen wird („Internalisierung" – ebenda). Sowohl Krcmar als auch North sehen im taziten/menschlichen Wissen jedoch den Ausgangspunkt bzw. die Schlüsselrolle für den „Prozess der Wissensschaffung" (Krcmar 2015, S.664; vgl. North 2016, S.47).

Die Externalisierung ist ein für das WM weitgehend spezifischer Bereich, da sie im IM kaum eine Rolle spielt. Prozesse der Internalisierung von Wissen lassen sich hingegen schwer vom

---

[9] Tazites Wissen wird auch als implizites oder stilles Wissen bezeichnet (z.B. North 2016, S.46 bzw. Krcmar 2015, S.670).

IM abgrenzen. Deutlichster Aspekt ist hier wohl die Vernetzung, die auch bereits in der Wissenspyramide nach Bodendorf (Bodendorf 2006, S.1; siehe S.6) zum Ausdruck kommt. Beim Wissenserwerb müssen stets etliche Informationen miteinander in Verbindung gebracht werden. Informationen können dagegen für sich betrachtet werden und gehen häufig direkt aus entsprechenden Daten hervor.

Betrachtet man an dieser Stelle wieder das Beispiel der Anzeige von Kundeninformationen, so könnte der Mitarbeiter anhand verschiedener Informationen (z.b. Umsatz durch den Kunden, Bindungsdauer) das Wissen generieren, dass es sich um einen besonders bedeutsamen Kunden handelt, der entsprechend zu betreuen ist (Internalisierung). Sind entsprechend codierte Einstufungen vorhanden, kann er dieses Wissen sogleich im System hinterlegen (Externalisierung). Damit verbundene Tätigkeiten des WMs hinsichtlich der Internalisierung wären z.b. eine Unterstützung des Wissenserwerbs durch die Sensibilisierung für bestimmte Kennzahlen oder eine automatische Meldung durch ein intelligentes System. Hierfür müssten stets mehrere Informationen miteinander verknüpft werden. Im IM, wo z.b. Tätigkeiten hinsichtlich der Visualisierung eine Rolle spielten, könnten die einzelnen Informationen und ihre Datenbasis dagegen für sich betrachtet werden. Zwar bezieht sich eine Visualisierungsmethode i.d.R. auf eine Vielzahl möglicher Informationen (zu unterschiedlichen Kunden), doch werden diese dadurch nicht zwingend miteinander verknüpft.

Einfacher verständlich ist dieser Unterscheidung anhand des komplexen Wissens über einen Geschäftsprozess. Dieses lässt sich in zahlreiche miteinander verknüpfte Teilbereiche und Informationen („Wer tut was zu welchem Zeitpunkt?") zerlegen. Eine einfache Information kann dagegen auf einem einzelnen Datum („Verantwortlicher = ...") in seinem Kontext basieren.

Damit lassen sich folgende Kernmerkmale zur Unterscheidung von IM- und WM-Aktivitäten festhalten:

1. IM basiert auf Daten, die in einer nach einer Syntax formalisierten Form vorliegen, aber für Menschen schwer verständlich sind und deshalb als Informationen aufbereitet werden müssen (Internalisierung). WM basiert in Teilen auf dem Wissen selbst, das häufig im menschlichen Bewusstsein vorhanden ist und explizert werden muss, um es mit technischen Systemen verarbeiten zu können (Externalisierung).
2. Internalisierende Tätigkeiten des WMs beinhalten stets die Verknüpfung von Informationen. Im IM hingegen können einzelne Informationen und deren Datenbasis in isolierter Weise betrachtet werden.

Zur Verifizierung dieser Kriterien können zunächst wiederum die in Abschnitt 2.2 dargestellten Aufgaben des IMs nach North (siehe S.10) herangezogen werden.

Informationsverteilung, -filterung und -sicherung dienen eindeutig dazu, die richtigen Informationen – als Daten in technischen Systemen vorhanden – den richtigen Mitarbeitern verfügbar zu machen (internalisierender Zweck). Monitoring und Feedback als übergeordnete Aufgaben dienen ebenfalls der Verbesserung der Informationsqualität in Hinsicht auf die Verwertung durch die Benutzer. Informationsvernetzung stellt den Übergang zum WM dar, ist aber ebenfalls keine externalisierende Aufgabe, da auch hier Daten aus technischen System die Basis bilden. Lediglich das Einfügen von Informationen ins System durch die Benutzer lässt sich nicht in das Schema einfügen, sofern es sich nicht um schlichte Dateneingabe handelt, die dann dem DM zuzuordnen wäre. Andernfalls stellt sich die Frage, ob es sich nicht bereits um Wissen handelt, das z.B. in Freitextform abgespeichert wird („schwache" Externalisierung).

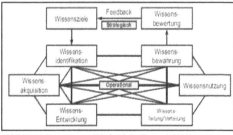

Abbildung 4: Kernprozesse WM (nach Probst et al. 2010, entnommen aus Krcmar 2015, S.665)

Für das WM definieren Probst et al. folgende operativen Kernprozesse: „Wissensidentifikation, Wissensakquisition, Wissensentwicklung, Wissensteilung /-verteilung, Wissensnutzung, Wissensbewahrung" (Probst et al. 2010). Den Zusammenhang zeigt Abbildung 4; die strategischen Kernprozesse „Wissensbewertung" und „Wissensziele" werden im Folgenden nicht beachtet.

Identifikation, Verteilung und Bewahrung von Wissen umfassen eine Externalisierung desselben. Wenn nicht für technische Systeme, so muss das vorhandene Wissen doch zumindest für andere Menschen verständlich gemacht und dafür expliziert werden (vgl. Krcmar 2015, S.665 f.). Es unterstützt damit auch die Wissensnutzung, die gewissermaßen das Ziel der WM-Prozesse darstellt.

Wissensakquisition beschreibt die Erweiterung der Wissensbasis eines Unternehmens durch externe Quellen, Wissensentwicklung die Generierung von Wissen innerhalb des Unternehmens (ebenda). Beide Vorgänge sind in den meisten Fällen internalisierend, da das Wissen zunächst von einem Akteur des Unternehmens erworben wird, ehe es nachfolgend expliziert wird. Dem zweiten Kennzeichen folgend muss es sich also um Vorgänge handeln, die vorhandene oder neue Informationen miteinander verknüpfen. Krcmar beschreibt „Fachinformationen" (ebenda) aus unterschiedlichen externen Quellen als Grundlage der Wissensakquisition und „Daten aus bestehenden [...] Informationssystemen" (ebenda) als typische Quelle der Wissensentwicklung. Gemäß der Wissenspyramide kann die Akquisition/Entwicklung des Wissens nur durch die Vernetzung der (auf Daten basierenden) Informationen zustande kommen.

Damit haben sich die dargestellten Kriterien grundsätzlich bewährt, wenngleich die Abgrenzung zwischen Aktivitäten des IMs und WMs insgesamt abstrakter und weniger klar wirkt als die zwischen DM und IM.

2.4 Informationsmanagement und Informationssystem-Management

Krcmar definiert in seinem Modell des IMs explizit die Bereiche „Management der Informationssysteme" und „Management der Informations- und Kommunikationstechnik" (Krcmar 2015, S.107). Bereits in der Einleitung wurde darauf hingewiesen, dass viele Ansätze das IM im Gesamten als technologisch orientiertes Konzept beschreiben (vgl. Abschnitt 1.1). Folglich wäre das Informationssystem-Management eine oder sogar „die" Kernaufgabe des IMs. Nach der in Abschnitt 2.2 dargestellten Systematik sind Aktivitäten jedoch nur dann dem IM zuzurechnen, wenn sie einen Wert in Form einer Erhöhung des Gesamtinformationswerts generieren, z.B. durch Erzeugung von Informationen oder eine Erhöhung der Informationsqualität. Betrachtet man Informationssysteme und die zugrundeliegende Technik jedoch für sich genommen, so besitzen sie Werkzeugcharakter, ähnlich wie codierte Daten zur Generierung von Informationen. Krcmar selbst definiert das Ziel des Informationssystem-Einsatzes in der „optimalen Bereitstellung von Information und Kommunikation nach wirtschaftlichen Gesichtspunkten" (Krcmar 2015, S.173).

Die Bereitstellung von Informationen geschieht erst durch den Einsatz des Informationssystems in Realumgebung. Somit gehören gemäß der zuvor erläuterten Systematik nur Aktivitäten, die sich auf den Einsatz von Informationssystemen – natürlich im Kontext der Informationsversorgung – beziehen, dem IM an („Management des Informationssystem-Einsatzes").

Hierbei ist zu beachten, dass zum Management auch vorbereitende und planende Aktivitäten zählen (vgl. S.3), also auch Tätigkeiten während des Entwicklungsprozesses. So wären beispielsweise eine übersichtliche Gestaltung der Benutzungsoberfläche (Usability Engineering), Datenvisualisierung oder rollenbasierte Portals eindeutig dem IM zuzurechnen. Sie sind auf die Benutzer bezogen und sorgen dafür, dass diesen anstelle technischer Daten verständliche Informationen angezeigt werden.

Deutlicher wird dies anhand von Gegenbeispielen. So wurden die Aktivitäten im Rahmen des CRISP-Zyklus unter Abschnitt 2.2 dem DM zugerechnet. Zwar verfolgt auch ein durch Data Mining-Verfahren erstelltes Analysemodell letztendlich das Ziel des Einsatzes in betrieblicher Umgebung, aber eben nur mittelbar. Der konkrete Einsatzzweck wird durch die Präsentation der Ergebnisse in nachgelagerten Systemen erfüllt.

Die technischen Aktivitäten innerhalb des DMs können unter den Schlagwörtern „Datenspeicherung und -verarbeitung"[10] zusammengefasst werden[11]. Die Entwicklung und Betreuung von Software und Softwarebestandteilen, die sich auf diese Aktivitäten beziehen (z.B. Datenbanken, Datenzugriffsschichten, Sicherungs-/Backup-Systeme), zählt demnach nicht zum Verantwortungsbereich des IMs.

Zusätzlich gibt es weitere Aktivitäten, die nötige Voraussetzungen sowohl für DM als auch für IM schaffen, wie die Bereitstellung einer Hardware-Infrastruktur oder von systemnaher und Querschnittssoftware (z.B. Betriebssysteme). Sie generieren ebenfalls nur mittelbar Wert[12], lassen sich aber nicht sinnvoll in die Systematik einordnen, solange sie weder Daten noch Informationen als Betrachtungsgegenstand haben, sondern die Technologie selbst. Aus diesem Grund ist ein weiterer unabhängiger Bereich „Technologiemanagement" (TM) zu definieren, der Voraussetzung für DM, IM und auch WM ist[13]. TM besitzt damit eine Querschnittsfunktion.

2.5 Gesamteinordnung

Schon das Herausstellen von Unterschieden zwischen DM, IM und WM impliziert die Annahme, dass alle drei als eigenständige Einheiten existieren. Sie hängen allerdings voneinander ab und weisen trotz trennender Charakteristika Überschneidungen auf. Von daher ähnelt die in

---

[10] Im nachfolgenden Modell kurz als „DS und DV" bezeichnet.

[11] Vgl. hierzu ebenfalls den Bereich „Management der Informations- und Kommunikationstechnik" im Rahmenmodell von Krcmar (Krcmar 2015, S.107).

[12] Vgl. hierzu Abschnitt 3.2.

[13] Auch Krcmar benennt einen eigenen Bereich „Technikmanagement" (Krcmar 2015, S.318 f.). Diesen interpretiert er jedoch als Aufgabe des „Management der Informations- und Kommunikationstechnik" und damit als Teil des IMs. Eine Querschnittsfunktion wird hier nicht berücksichtigt.

dieser Arbeit entwickelte Sichtweise am ehesten der von Dippold et al. (Dippold et al. 2005, vgl. Abbildung 2, S.7). Allerdings ist die Interpretation des DMs – und von Teilbereichen davon – als Entwicklungsstufe nicht haltbar, da es aufgrund der erst durch das IM erfolgenden Wertgenerierung niemals für sich allein betrieben werden kann.

Abbildung 5 zeigt das hier vertretene Verständnis von DM, IM und WM. Zusätzlich wurden hier das Technologiemanagement (TM) als eigene Einheit und die Teilbereiche des Informationssystem-Managements in DM und IM berücksichtigt.

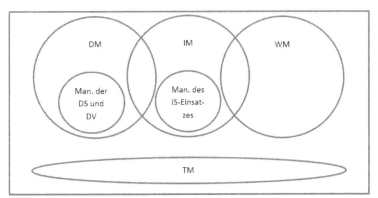

Abbildung 5: Einordnung DM, IM, WM und TM (eigenes Verständnis)

In den Folgearbeiten des Projektes sind die hier noch weitgehend als „Black Box" betrachteten Konzepte genauer zu erläutern und die Abgrenzung weiter zu spezifizieren und zu evaluieren.

3 Bedeutung des Informationsmanagements

3.1 Einleitende Überlegungen

Ähnlich wie bei der Abgrenzung des IMs existieren auch zur Beschreibung von dessen Bedeutung unterschiedlichste Ansätze in der Literatur, die in dieser Arbeit aus Gründen des Umfangs nicht vollständig dargelegt werden können. In diesem Abschnitt sollen daher zunächst ein kurzer Überblick über die unterschiedlichen Ansätze gegeben sowie die Verbindung zur Einordnung des IMs im vorherigen Abschnitt erläutert werden.

Krcmar beschreibt die generelle Aufgabe des IMs als „bestmöglichen Einsatz der Ressource Information" (Krcmar 2015, S.1) im Hinblick auf die Unternehmensziele. Heinrich et al. definieren in diesem Zusammenhang eine „Informationsfunktion" (Heinrich et al. 2014, S.26 f.) als betriebliche Aufgabe, deren Zweck das „Beschaffen, Verteilen und Verwenden von Informationen" (ebenda) sei. Dippold et al. nennen IM eine „logische Konsequenz aus der Forderung, Information als Ressource zu verwalten" (Dippold et al. 2005, S.258).

Diese Einschätzungen können zunächst unabhängig von den in Absatz 2.1 aufgeführten Widersprüchen im Hinblick auf Einordnung und Abgrenzung des IMs betrachtet werden, da sie alle von der Information als logisches Bezugsobjekt des IMs ausgehen und keine Verbindung zu DM oder WM herstellen[14].

Trotz unterschiedlicher Schwerpunkte ist eine Gemeinsamkeit zwischen den Autoren unverkennbar: Die Betrachtung von Informationen als betriebliche Ressourcen. Heinrich et al. verwenden diesen Begriff zwar nicht explizit, aber durch die allgemeine Bedeutung, die dem IM in der Leistungserstellung[15] zugemessen wird, kann von dieser Annahme ausgegangen werden. Folgt man dieser Sichtweise, kann IM als Teil des betrieblichen Ressourcenmanagements aufgefasst werden, ebenso wie den Umgang mit Rohstoffen/Materialien oder das Personalmanagement[16]. Daraus ergibt sich eine unmittelbare Auswirkung des IMs auf den Unternehmenserfolg. Dieser Punkt wird auch in Abschnitt 3.3 genauer beleuchtet.

Die Annahme einer direkten Erfolgswirksamkeit des IMs lässt sich hervorragend mit dem Kriterium der Wertgenerierung im Vergleich zum DM in Verbindung bringen (siehe S.9). Durch die Rolle des DMs als Voraussetzung für das IM kommt außerdem zu der dargestellten unmittelbaren Wertgenerierung eine mittelbare hinzu. Wie beschrieben erzeugen DM-Aktivitäten selbst keinen Wert, durch die Verwendung der Daten im Rahmen des IMs kann ihnen jedoch

---

[14] Eine Ausnahme im Rahmen der zuvor angeführten Sichtweisen stellt lediglich Bodendorf (Bodendorf 2006) dar, der IM als Element eines Kontinuums zwischen DM und WM ansieht (vgl. S.6 f.). Diese Interpretation wird hier und im Rest der Arbeit nicht weiterverfolgt.
[15] Vgl. Abschnitt 3.3
[16] Rohstoffe (Repetierfaktoren) und menschliche Arbeit gelten neben anderen als „klassische" Produktionsfaktoren nach dem Verständnis der Betriebswirtschaftslehre (vgl. z.B. Thommen und Achleitner 2012, S.37 ff.).

im Rückschluss ein indirekter Wert zugewiesen werden[17]. Der Sinn des DMs besteht demzufolge in der optimalen Unterstützung des IMs[18,19].

Neben dem DM gibt es weitere Bereiche, deren Wertschöpfung ganz oder in Teilen erst durch das IM generiert wird. Zuvorderst ist hier, der in dieser Arbeit vertretenen Systematik folgend, das in Abschnitt 2.4 eingeführte Technologiemanagement (TM) zu nennen. Tätigkeiten, die sich auf den Betrieb der IT-Infrastruktur (siehe auch Heinrich et al. 2014, S.42) beziehen, erhalten durch den Einsatz der Systeme im IM-Kontext einen erheblichen Teil ihres betrieblichen Wertes[20]. Diese Annahme lässt sich mit bestehenden Theorien zur generellen Wertgenerierung der IT kombinieren, was unter Abschnitt 3.2 erläutert wird.

Zusätzlich zu DM und TM sind weitere Bereiche denkbar, deren Zweck zumindest teilweise in einer verbesserten betrieblichen Informationsversorgung und damit im Bereich des IMs liegt (z.B. Organisationskultur, Prozessmanagement). Diese werden im Rahmen der Folgearbeiten im Gesamtprojekt, die u. A. Entwicklungsfaktoren des IMs untersuchen, in die Betrachtung einbezogen.

Zusammenfassend lässt sich folgende Kernthese ableiten:

- Der Gesamtwert des IMs lässt sich beschreiben als Summe der durch die IM-Aktivitäten selbst entstehenden Wertschöpfung sowie der Teilwerte, die infolge der IM-Aktivitäten den vorbereitenden, für sich genommen nicht wertschöpfenden Tätigkeiten (DM, TM) indirekt zugerechnet werden können. Ein ideales IM nutzt das durch DM, TM und weitere noch zu untersuchende Einflussfaktoren gegebene Potential optimal aus (Leistungspotential des IMs[21]).

Abbildung 6 verdeutlicht den dargestellten Ansatz, die Wertgenerierung und damit die Bedeutung des IMs zu beschreiben.

---

[17] Eine Analogie hierzu bilden Hilfs- bzw. Endkostenstellen in der innerbetrieblichen Leistungsverrechnung (vgl. z.B. Thommen und Achleitner 2012, S.526).
[18] Diese Interpretation lässt sich gut mit der Definition des DMs nach Krcmar (Krcmar 2015, S.178 f.) in Einklang bringen. Krcmar definiert als Teilziele des DMs eine „Verbesserung der Informationsqualität" (ebenda) durch die Beachtung verschiedener Kriterien der Datenqualität und zudem die „produktive Anwendungssystementwicklung" (ebenda) im Hinblick auf Datenbanken u.Ä. Letzterer Bereich würde bei direkter Orientierung auf den Produktiveinsatz zum IM zählen, ansonsten als Teil des DMs den Produktiveinsatz mittelbar unterstützen.
[19] Zusätzlich könnten hier internalisierende Tätigkeiten des WMs genannt werden, die über die Zwischenstufe des IMs ebenfalls auf Daten basieren können und einen Wert in Form von Wissen generieren. Da hierbei das IM aber zumindest mitbeteiligt ist, wird das WM an dieser Stelle aus Gründen der Vereinfachung nicht einbezogen.
[20] Hinzu kommt Wertschöpfung durch Prozessautomatisierung, automatisierte Fertigung usw. Diese ist zwar immer dem IS- Einsatz, aber nicht unbedingt direkt dem IM zuzurechnen (siehe auch Abschnitt 3.2).
[21] Diese Festlegung ist nicht zu verwechseln mit dem Leistungspotential des IMs nach Heinrich et al. Die Autoren definieren das Leistungspotential allgemeiner als „durch Art und Umfang [der IM-]Aufgaben mögliche[n] Beitrag zum Unternehmenserfolg" (Heinrich et al. 2014, S.27).

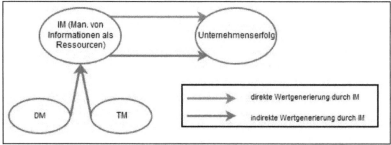

Abbildung 6: Wertgenerierung durch das IM (eigene Darstellung)

Diese spezifische Betrachtungsweise lässt sich einordnen in verschiedene, allgemeinere Ansätze, die Bedeutung des IMs zu beschreiben. Diese sollen hier zumindest kurz erwähnt, aber
nicht weiter erläutert werden.
Krcmar nennt die folgenden Grundansätze (nach Krcmar 2015, S.1 ff.):

- Ermittlung der Produktivitätswirkung
  Die bereits dargestellten Überlegungen sowie die in Abschnitt 3.2 beschriebene Unter-
  suchung zum Wertbeitrag der IT zählen zu dieser Gruppe.
- Auswirkungen auf die allgemeine Koordination des Unternehmens
  Dieser Ansatz beschreibt die Auswirkungen des IMs auf die generelle Organisation des
  Unternehmens. Den Ausgangspunkt hierfür bildet die Betrachtung von Informationen
  als Produktionsfaktoren, die in Abschnitt 3.3 erfolgt.
- Beeinflussung der Unternehmensstrategie
- Beeinflussung der Geschäftsprozesse, Funktion im Business Process Reengineering
- Enabler-Funktion für WM
  Da das IM selbst den Schwerpunkt dieses Projekts bildet, wird dieser Ansatz hier trotz
  thematischer Überschneidungen nicht im Detail untersucht. Zudem steht die Interpreta-
  tion des IMs als Enabler für das WM der Annahme einer Fokussierung auf externalisierende Aufgaben seitens des WMs entgegen (vgl. S.11 f.).

3.2 Wertbeitrag der IT

In einem im Jahr 2003 erschienen Artikel zweifelte Carr unter dem Slogan „IT doesn't matter"
(Carr 2003) den Wertbeitrag der IT für den Unternehmenserfolg an. Carr zufolge habe die IT
sich zu einem für alle Unternehmen gleichermaßen verfügbaren Allgemeingut entwickelt, das
deshalb keinen Wettbewerbsvorteil generieren könne. Daraus leitet Carr die These ab, das
größte Risiko beim Einsatz von IT bestehe in übermäßig kostenintensiven, sich nicht amorti-
sierenden Investitionen. Entscheidungen zur IT sollten daher ausschließlich unter der Maxime
der Kostenminimierung getroffen werden.
Carrs Thesen wurden in der Literatur bereits ausführlich diskutiert, weshalb an dieser Stelle
keine weitere Erörterung notwendig ist. Krcmar fasst die bestehenden Beiträge dahingehend
zusammen, dass Carrs Überlegungen die Einsatzmöglichkeiten der IT vernachlässigt hätten, die
– im Gegensatz zu den von Carr herangezogenen Vergleichsobjekten wie elektrischer Energie

- auf unterschiedlichste Weise gestaltet werden und damit sehr wohl einen wettbewerbsrelevanten Mehrwert erzeugen könnten (Krcmar 2015, S.3 f.).

Zugleich fanden Carrs Annahmen bezüglich eines indifferenten Grundwertes der IT (Carr 2003) durchaus Zustimmung. Dieser Grundwert lässt sich beispielsweise anhand der Verwendung von Standardanwendungssoftware mit wenigen Konfigurationsmöglichkeiten (z.B. Bürosoftware) veranschaulichen. Somit stellt sich die Frage, an welchen Stellen der von Carr außer Acht gelassene, unternehmensspezifische Mehrwert entsteht.

Im Einordnungsmodell aus Abschnitt 2.5 (S.15), das auch das Informationssystem-Management umfasst, wird das Management des Informationssystem-Einsatzes als Teilbereich des IMs festgelegt. Nach den Ergebnissen der Diskussion über Carrs Thesen (s.o.) wird somit durch die Tätigkeiten des IMs selbst der unternehmensspezifische Mehrwert erzeugt – und nicht durch die infolge das IMs indirekt mit Wert versehenen Tätigkeiten des DMs und TMs (vgl. Abschnitt 3.1). Dies ist intuitiv leicht verständlich, da es sich bei den in Abschnitt 2 erwähnten DM- und TM-Tätigkeiten (z.B. Datenverteilung, -archivierung, -sicherung bzw. Verwaltung der Hardware-Infrastruktur, Systemsoftware) eher um wenig spezifische Routinearbeiten handelt. Im IM stehen hingegen die Benutzer sowie der Einsatzkontext als individuell verschiedene Bezugsobjekte im Mittelpunkt.

Natürlich ist das IM nicht der einzige unternehmensspezifische Einsatzbereich der IT. Hinzu kommen hier nicht betrachtete Aufgaben wie allgemeine Prozessunterstützung oder automatisierte Fertigung[22], die nicht unmittelbar oder nur in Teilen dem IM zugeordnet werden können. Somit entspricht die Wertschöpfung des IMs keineswegs dem kompletten unternehmensspezifischen Wertbeitrag der IT[23].

Die Tatsache, dass die direkte Wertgenerierung durch das IM keinen allgemeinen Grundwert, sondern einen wettbewerbsrelevanten Mehrwertcharakter besitzt, erhöht jedoch die Bedeutsamkeit des IMs noch einmal erheblich. IM kann gemäß diesen Überlegungen als wesentlicher Wettbewerbsfaktor für das Gesamtunternehmen angesehen werden (vgl. Krcmar 2015, S.4). Diese Einschätzung wird auch durch die Einordnung von Informationen als Produktionsfaktoren, die im folgenden Abschnitt beschrieben ist, weiter bestärkt.

3.3 Information als Produktionsfaktor

Zentrales Kennzeichen von Produktionsfaktoren[24] bzw. Ressourcen ist ihr Einsatz in der betrieblichen Leistungserstellung (vgl. z.B. Gabler Wirtschaftslexikon 2009), wodurch auch die in Abschnitt 3.1 beschriebene Wertigkeit des IMs entsteht. In diesem Abschnitt soll genauer untersucht werden, welche Rolle Informationen im Rahmen der Leistungserstellung zukommt, und auf diese Weise die Bedeutung von IM-Tätigkeiten als Teil des betrieblichen Ressourcenmanagements konkretisiert werden.

Die Grundlage hierfür bildet die Untersuchung von Schüler (Schüler 1989). Der Autor differenziert zunächst zwischen dem eigentlichen Leistungserstellungsprozess als Transformation

---

[22] Vgl. Fußnote 20

[23] Selbiges kann auch für die indirekte Wertschöpfung des DMs gelten, wenn die Daten rein automatisiert verarbeitet werden. Die Wertschöpfung durch das DM ist jedoch immer indirekt und erfolgt erst im Einsatzkontext. Die Definition der zusammengesetzten Wertschöpfung des IMs (siehe Abschnitt 3.1) wird hiervon nicht berührt.

[24] Es existiert zusätzlich der Begriff „Wirtschaftsfaktoren". Einige Autoren definieren Unterschiede zwischen diesen Benennungen, im Rahmen der Thematik dieser Arbeit ist es aber nicht nötig, näher darauf einzugehen.

„klassischer" Produktionsfaktoren (Betriebsmittel, Werkstoffe, Arbeit) in Güter und Dienstleistungen und dem Steuerungsprozess, also den begleitenden Tätigkeiten, die den Leistungserstellungsprozess organisieren und unterstützen. Die Information steht dabei zunächst im Mittelpunkt des Steuerungsprozesses.

Schülers Ansatz verdeutlicht Abbildung 7 (nächste Seite).

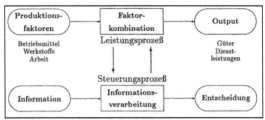

Abbildung 7: Stellung der Information im Leistungserstellungsprozess (entnommen aus Schüler 1989)

Aus dieser Betrachtungsweise leitet Schüler zwei grundlegende Aussagen ab.

Zum einen bilde Information den „Rohstoff von Entscheidungen" (ebenda)[25]. Damit sei sie Voraussetzung für eine effiziente Koordination der Leistungserstellung bzw. den Steuerungsprozess selbst. Der Steuerungsprozess wird demnach als Folge von Entscheidungen interpretiert.

Zum anderen schreibt Schüler von „Substitutionseffekten" (ebenda) zwischen Steuerungs- und Leistungserstellungsprozess, die durch den Einsatz von Informationen zustande kämen. Eine hohe Informationsqualität führe zu effizienteren Entscheidungen, da sie die damit verbundene Unsicherheit reduziere. Infolge dessen könne wiederum unnötiger Aufwand im Leistungserstellungsprozess bzw. ein erhöhter Verbrauch klassischer Produktionsfaktoren vermieden werden. Denkbare Beispiele für diese Aufwandsminderung sind eine verkürzte Fertigungszeit, eine Reduzierung des Ausschusses von Rohmaterialien oder Fertigwaren oder eine bessere Auslastung von Maschinen.

Aus Schülers Thesen zur Stellung von Informationen im Leistungserstellungsprozess lassen sich weitere Aussagen über die Bedeutung des IMs ableiten. Zunächst ist festzuhalten, dass ein „minimales IM" Voraussetzung ist, um überhaupt eine Leistung und damit einen Unternehmenserfolg generieren zu können. Diese Annahme resultiert aus der von Schüler beschriebenen Rolle der Informationen als „Enabler" des Steuerungsprozesses, der in jedem Fall notwendig ist, um eine Leistung erbringen zu können. Das minimale IM hat demnach zum Gegenstand, die relevanten Mitarbeiter mit allen Informationen zu versorgen, die für die Leistungserstellung und die damit verbundenen Entscheidungen unbedingt erforderlich sind.

In dieser Hinsicht ist das IM nicht anders zu interpretieren als andere Bereiche des Ressourcenmanagements wie die Materialwirtschaft. Ohne eine Beschaffung und Bereitstellung der erforderlichen Rohstoffe in Mindestqualität („minimale Materialwirtschaft") – oder des Personals – ist eine Leistungserstellung nicht denkbar.

---

[25] Diese Aussage lässt sich auf bestehende Erweiterungen der unter Abschnitt 2.1 beschriebenen Wissenspyramide anwenden, z.B. auf die Wissenstreppe nach North (North 2016, S.37). North interpretiert Handeln bzw. das Treffen von Entscheidungen als Anwendung von Wissen und damit indirekt von Informationen.

Eine weitere Aussage geht aus der beschriebenen Möglichkeit zur Substitution anderer Produktionsfaktoren hervor. Ein effizientes IM kann demnach die Kosten für Rohstoffe oder Personal reduzieren. Beispielsweise könnte durch besonders detaillierter Informationen über Fertigungsprozesse, die den Entscheidungsträgern zur Verfügung gestellt werden, die Erstellung optimaler Dienstpläne für das Personal oder Auslastungspläne für Maschinen unterstützt werden. Auch eine verkürzte Fertigungszeit kann als Ressourceneinsparung angesehen werden. Die damit verbundenen Chancen zur Kostensenkung steigen aufgrund der Annahme allgemein eher geringer Kosten der (Re-)Produktion von Informationen (vgl. Krcmar 2015, S.16).

Schüler stellt zudem die These auf, dass „Ungewissheitssituationen" (Schüler 1989) – also Situation, in denen infolge mangelhafter Informationsversorgung potentiell schlechtere Entscheidungen getroffen werden – unmittelbar zu einer „Vorhaltung zusätzlicher Ressourcen" (ebenda) führten. Konkret nennt Schüler die Vorhaltung eines Lagerbestandes als Resultat der Unsicherheit über Nachfrage und Lieferbereitschaft. Auch hier kann ein verbessertes – in diesem Fall möglicherweise unternehmensübergreifendes – IM den Aufwand für die Lagerhaltung und damit die Kosten reduzieren[26].

Auch in Hinsicht auf den Substitutionseffekt verhält sich das IM konform zu anderen Bereichen des Ressourcenmanagements. So kann durch den Einsatz hochqualifizierten Personals ebenfalls die Fertigungszeit oder der Produktionsausschuss gesenkt werden. Selbiges ist durch die Anschaffung besonders effizienter Maschinen möglich.

Für das IM geht aus den dargestellten Aussagen hervor, dass Informationen in betriebswirtschaftlicher Hinsicht grundsätzlich genauso wie andere Produktionsfaktoren zu behandeln sind. Eine Stellung als unbedingte Voraussetzung für den Unternehmenserfolg ist ebenso vorhanden wie die Chance auf eine teilweise Substitution anderer Produktionsfaktoren. Zugleich sind Erfahrung aus dem klassischen Ressourcenmanagement hier nur begrenzt verwertbar, da Informationen sich im Vergleich zu anderen Ressourcen grundlegend anders verhalten (vgl. Krcmar 2015, S.16).

Das Verständnis von Informationen als Produktionsfaktoren stellt hohe Anforderungen an das IM. Neben der operativen Unterstützung von Prozessen können die Möglichkeiten des IMs, insbesondere der Substitutionseffekt, nur ausgeschöpft werden durch eine Unterstützung administrativer oder gar strategischer Entscheidungen in Form von Unsicherheitsreduktion. Dies übersteigt den Betrachtungsbereich des zuvor definierten, minimalen IMs bei weitem und ist ebenfalls kaum durch das in der Einleitung erwähnte „implizite IM" (vgl. S.3) zu erreichen. Stattdessen bedarf es einer durchgreifenden und bewussten Organisation des IMs selbst sowie der vorgelagerten Konzepte des DMs und TMs und aller weiteren damit verbundenen IT- und Managementaktivitäten.

Die in den vorherigen Abschnitten herausgearbeitete Bedeutung des IMs als Wettbewerbsfaktor kann damit zu einer „Bedeutung des expliziten IMs" präzisiert werden. Ein implizites oder eingeschränktes IM kann diese Bedeutung im Rahmen des Ressourcenmanagements nicht erreichen.

---

[26] Im Idealfall kann dies in einer Just-in-time-Produktion resultieren (vgl. Schüler 1989). Diese stellt folglich, was nicht überraschend ist, besonders hohe Anforderungen an das (unternehmensübergreifende) IM.

4 Fazit und Ausblick

Innerhalb dieser Arbeit wurde zunächst der Betrachtungsbereich des Informationsmanagements (IM) durch Abgrenzung zu den verwandten Bereichen Datenmanagement (DM) und Wissensmanagement (WM) spezifiziert. Hierbei konnten Kriterien herausgearbeitet werden, anhand derer sich konkrete Aktivitäten in den meisten Fällen den einzelnen Bereichen zuordnen lassen. Zusätzlich wurde eine erste Untersuchung der Einordnung des Informationssystem-Managements vorgenommen, in deren Rahmen das Technologiemanagement (TM) als eigenständiger Bereich definiert wurde.

Die eingeführte Systematik sowie die Klassifikationskriterien haben zunächst noch den Charakter einer Hypothese. Während in dieser Arbeit auf Basis von „Black Boxes" sowie einzelner vertiefender Beispiele zur Herleitung, Erläuterung und Verifizierung vorgegangen wurde, ist im weiteren Projektverlauf ein ganzheitliches Verständnis des IMs einschließlich aller relevanten Teilbereiche in Form eines Modells zu entwickeln. Ein weiteres, zentrales Ziel besteht darin, die praktische Bedeutung der erarbeiteten Sichtweise herauszustellen. Hierfür müssen organisatorische Konsequenzen veranschaulicht und aufgezeigt werden, inwiefern die Erreichung des Unternehmenserfolgs durch ein entsprechendes IM unterstützt werden kann.

Dieser Anspruch gilt auch hinsichtlich der im zweiten Teil der Arbeit hergeleiteten Bedeutung des IMs als erfolgsrelevanten Wettbewerbsfaktors. Hieraus sind konkrete Zielsetzungen und Aufgabenstellungen abzuleiten, denen das IM und einzelne Teil- sowie vorbereitende Bereiche genügen müssen.

Das abschließende Projektziel besteht im Aufbrechen der bis hierhin ausschließlich statischen Sichtweise. Umweltfaktoren und Entwicklungen, die das IM beeinflussen, sind zu identifizieren, und ihr Einfluss auf Tätigkeiten, Zielsetzungen und die Bedeutung des IMs darzustellen. Daraus resultiert der Anspruch eines dynamischen IM-Modells, das Veränderungen im Zuge aktueller Entwicklungen berücksichtigt.

5 Literatur- und Quellenverzeichnis

Bodendorf, Freimut (2006): Daten- und Wissensmanagement. 2., aktual.u. erw. Aufl. Berlin: Springer (Springer-Lehrbuch).

Capgemini: IT-Trends-Studie (Capgemini Deutschland). Online verfügbar unter https://www.de.capgemini.com/it-trends-studie, zuletzt geprüft am 30.03.2017.

Carr, Nicholas G. (2003): It doesn't matter. As information technology's power and ubiquity have grown, its strategic importance has diminished. In: *Harvard Business Review*.

Cleve, Jürgen (2016): Data Mining. 2nd ed. Berlin: De Gruyter (De Gruyter Studium). Online verfügbar unter http://ebookcentral.proquest.com/lib/gbv/detail.action?docID=4793920.

Dippold, Rolf; Meier, Andreas; Schnider, Walter (2005): Unternehmensweites Datenmanagement. Von der Datenbankadministration bis zum Informationsmanagement. 4th ed. Dordrecht: Springer (Zielorientiertes Business Computing).

Gabler Wirtschaftslexikon. Das Wissen der Experten (2009). Wiesbaden: Springer Gabler, Springer Fachmedien Wiesbaden GmbH.

Heinrich, Lutz J.; Riedl, René; Stelzer, Dirk (2014): Informationsmanagement. Grundlagen, Aufgaben, Methoden. 11., vollst. überarb. Aufl. 2014. München: OLDENBOURG WISSEN-SCHAFTSVERLAG.

Krcmar, Helmut (2015): Informationsmanagement. 6., überarb. Aufl. 2015. Berlin: Gabler (SpringerLink : Bücher).

Nonaka, Ikujiro; Takeuchi, Hirotaka (1995): The knowledge-creating company. How Japanese companies create the dynamics of innovation. New York: Oxford Univ. Press. Online verfügbar unter http://www.loc.gov/catdir/enhancements/fy0604/94040408-d.html.

North, Klaus (2016): Wissensorientierte Unternehmensführung. Wissensmanagement gestalten. 6., akt. und erw. Aufl. 2016, Korr. Nachdruck 2016. Wiesbaden: Springer Fachmedien Wiesbaden.

Österle, Hubert; Brenner, Walter; Hilbers, Konrad (1991): Unternehmensführung und Informationssystem. Der Ansatz des St. Galler Informationssystem-Managements. Wiesbaden: Vieweg+Teubner Verlag (Informatik und Unternehmensführung). Online verfügbar unter http://dx.doi.org/10.1007/978-3-322-94694-2.

Probst, G.; Raub, S.; Romhardt, K. (2010): Wissen managen. Wie Unternehmen ihre wertvollste Ressource optimal nutzen. 6., überarbeitete und erweiterte Auflage. Wiesbaden: Gabler Verlag / GWV Fachverlage GmbH Wiesbaden. Online verfügbar unter http://ebooks.ciando.com/book/index.cfm/bok_id/135277.

Scheer, August-Wilhelm (1992): Architektur integrierter Informationssysteme. Grundlagen der Unternehmensmodellierung. Zweite, verbesserte Auflage. Berlin, Heidelberg, s.l.: Springer Berlin Heidelberg. Online verfügbar unter http://dx.doi.org/10.1007/978-3-642-97403-8.

Schüler, Wolfgang (1989): Informationsmanagement: Gegenstand und organisatorische Konsequenzen. In: Dieter Bartmann, Klaus Spremann und Eberhard Zur (Hg.): Informationstechnologie und strategische Führung. Wiesbaden: Gabler, S. 181–187.

Stelzer, Dirk (2003): Informations- versus Wissensmanagement - Versuch einer Abgrenzung. In: *Informationsmanagement : neue Herausforderungen in Zeiten des E-Business ; Festschrift für Prof. Dr. Dietrich Seibt anlässlich seines 65. Geburtstages*, S. 25–41.

Thommen, Jean-Paul; Achleitner, Ann-Kristin (2012): Allgemeine Betriebswirtschaftslehre. Umfassende Einführung aus managementorientierter Sicht. 7., vollst. überarb. Aufl. Wiesbaden: Imprint Gabler Verlag.

BEI GRIN MACHT SICH IHR WISSEN BEZAHLT

- Wir veröffentlichen Ihre Hausarbeit,
  Bachelor- und Masterarbeit

- Ihr eigenes eBook und Buch -
  weltweit in allen wichtigen Shops

- Verdienen Sie an jedem Verkauf

Jetzt bei www.GRIN.com hochladen
und kostenlos publizieren

www.ingramcontent.com/pod-product-compliance
Lightning Source LLC
La Vergne TN
LVHW042310060326
832902LV00009B/1397